FACULTÉ DE DROIT DE PARIS.

Thèse

pour la Licence.

L'acte public sur les matières ci—après sera soutenu,

le mercredi 26 décembre 1855, à deux heures,

Par FRÉDÉRIC GODEFROY, né au Mans (Sarthe).

Président : M. BRAVARD, Professeur.

Suffragants :

MM. BUGNET,	
BONNIER,	Professeurs.
DURANTON,	
DELZERS,	Suppléant.

*Le Candidat répondra en outre aux questions qui lui seront faites
sur les autres matières de l'enseignement.*

PARIS.

CHARLES DE MOURGUES FRÈRES, SUCCESSEURS DE VINCHON.

Imprimeurs de la Faculté de Droit,

RUE J.-J. ROUSSEAU, 8.

—

1855.

A MON PÈRE, A MA MÈRE.

JUS ROMANUM.

DE FIDEJUSSORIBUS ET MANDATORIBUS.

(Dig., xlvi, 1. Novella 4. Gaii Inst., comm. 3, § 115-127.)

Pro eo qui promittit, solent alii obligari accessorie qui fidejussores appellantur; est enim hæc accessio ad confirmandam obligationem et augendam creditoris securitatem.

Antiquo quidem jure sponsores erant, et fidepromissores, et fidejussores.

Sponsor erat qui sic interrogatus : idem dari spondes? idem dari spondeo respondebat, et hanc formulam in linguam latinam proferri necesse erat; propria quiritium erat sponsio. Mox usu exigente fidepromissio indroducta fuit, cujus formula erat : idem fidepromittis? idem fidepromitto. Cæterum nihil aliud erat fidepromissio quam ipsa sponsio, peregrinis accommodata. Actio tamen depensi ad solos sponsores, non autem ad fidepromissores pertinebat.

Fidejussor hac formula interrogabatur: idem fide tua esse jubes? idem fide mea esse jubeo.

Sponsorum et fidepromissorum prope similis est conditio, fidejussoris autem valde dissimilis :

1° Sponsores, et fidepromissores nullis obligationibus nisi verborum accedere possunt; fidejussores autem omni obligationi sive re, sive verbis, sive litteris, sive consensu, imo et iis quæ ex delicto nascuntur, si civiliter agatur et ad pœnam pecuniariam; nam si criminaliter et ad coercitionem corporalem agatur, inutilis fidejussio erit, quoniam ejus pœnæ nemo succedaneus est.

2° Sponsoris, et fidepromissoris hæres non tenetur, fidejussoris autem tenetur hæres.

3° Lex Apuleia inter sponsores et fidepromissores quamdam societatem introduxit; ita si quis eorum plus sua parte solvisset, ei adversus cæteros, de eo quod amplius dederat, actio pro socio competeret. Lex Apuleia non ad fidejussores pertinebat.

4° Ex lege Furia, quæ quidem in Italia modo vigebat, sponsores et fidepromissores biennio liberabantur, atque si plures essent, pro virili parte tantum singuli, nec in solidum tenebantur.

Sed legis Corneliæ omnibus commune fuit beneficium, ex qua idem pro eodem, apud eumdem, eodem anno ultra viginti millia obligari prohibebatur; exceptis quibusdam casibus, in quibus ea lex in infinitum satis accipere permittebat.

Ita non poterant ut plus deberent quam is pro quo obligabantur, sed poterant ut minus deberent, obligari.

Denique ex lege Publilia tributum est solis sponsoribus beneficium singulare ex quo a reo quidquid solvissent repetere possint actione depensi; quæ adversus inficiantem in duplum crescebat.

Sed jam ante Justinianum exoleverat sponsorum et fidepromissorum usus, solaque servata fuit fidejussio, quæ meliorem certioremque cautionem creditoribus præstabat. De solis igitur fidejussoribus nunc agendum.

Fidejussor, ut supra diximus, est qui pro alio stipulatione promittit ut diligentius creditori cautum sit. Fidejussio et præcedere et sequi obligationem potest; at si præcedit, quasi pendente conditione hæret. Quia principalis rei obligationi accedit fidejussor, non in aliud se obligare potest quam in id quod reus debet, nec in duriorem causam; at majore vinculo obstringi potest, veluti per hypothecam, dum reus principalis simpliciter teneatur, aut civili jure, si naturali tantum obligatus sit reus. In leviorem vero causam fidejussorem valere, nemini dubium est.

Ut fidejussio sit, necesse est quamdam obligationem subesse cui accedat; at parvi refert quo jure teneat obligatio, nec ex qua causa descendat, nec an principalis an ipsa alterius accessoria, dummodo jure vel natura aliqua sit obligatio. Itaque vel pro contractu aut quasi-contractu delictove fidejussor accipi potest. Excipitur tamen causa dotis restituendæ, pro qua, ex imperatorum constitutionibus a Justiniano confirmatis, nullus fidejussor exigendus, scilicet quia non honeste hunc mulier acceperit cui magis quam marito crederet. At potest pignus a marito pro dote dari, quia tunc alienam fidem uxor non sequitur, sed mariti.

Cum fidejussio sit stipulatio, sequitur ut qui efficaciter obligantur, idem intercedere possunt, sive patresfamilias sive filii sint. At furiosi, mente capti, pupilli et minores sine tutorum auctoritate vel curatorum consensu, prodigi et ii quibus sublata est bonorum administratio fidejubere nequeunt. Servus in rem peculiarem tantum fidejubere potest. Mulieres quæ pro alio intercesserunt per Velleiani senatusconsulti exceptionem se tueri possunt, aut etiam condictione indebiti repetere quod ex tali obligatione solvissent.

Reo inscio ac etiam invito fidejussio valet. Imo, pro hæreditate jacente utiliter accipitur fidejussor, quia hæreditas persona videtur, sicuti universitas.

Qui fidejussor solvit repetere potest, vel actione mandati, si pro mandante aut præsente et sciente fidejusserit, vel actione negotiorum gestorum, si pro absente et ignorante; sed si pro contra dicente et prohibente fidejusserit, nullam habet actionem atque fidejussisse animo donandi intelligitur.

Possunt in una et eadem obligatione esse plures fidejussores, iique omnes in solidum tenentur, quamvis non sit expressum, sed in eorum gratiam tria introducta fuerunt beneficia:

1° Beneficium ordinis seu excussionis;
2° Beneficium cedendarum actionum;
3° Beneficium divisionis.

DE BENEFICIO ORDINIS SEU EXCUSSIONIS.

Illud beneficium est exceptio qua creditor adversus fidejussorem agens repellitur, nisi prius discusserit debitoris principalis facultates.

Antiquissimo jure fidejussores non nisi facultatibus rei principalis excussis, conveniri poterant; sed alius usus postea prævaluerat, et creditori potestas erat reum principalem omittere et recta via fidejussorem convenire. Justinianus autem priscum jus restituit; quippe quarta novella statutum est, ut quotiescumque creditor adversus fidejussorem, nondum excusso reo principali, ageret, fidejussori omni exceptio daretur, quæ agentem repelleret. Quod quidem beneficium non dabitur, si isti beneficio renuntiaverit fidejussor; si reus principalis manifeste solvendo non sit; denique si absens sit et conveniri nequeat.

DE BENEFICIO CEDENDARUM ACTIONUM.

Sic fidejussoribus succurri solet ut si quis eorum solidum

solverit, desiderare possit ut a creditore sibi cedantur actiones adversus alios fidejussores et reum, at modo ipso tempore quo solvit, aut si ea lege solverit ut sibi postea cedantur. Pecunia autem soluta, si in solvendo de cedendis actionibus nihil cautum sit, ut cedantur agere non potest fidejussor. At si ea lege fidejussor solvit ut actiones cedantur, actiones manent, quia pecuniam non in solutum, sed tanquam in pretium actionum quas ei cedere tenetur, creditor accepit.

Hoc beneficio potest fidejussor qui solvit cæteros persequi fidejussores et circumvenire tertios detentores si constituta sint pignora vel hypothecæ et ipsum reum principalem persequi.

DE BENEFICIO DIVISIONIS.

Si plures sint ejusdem pecuniæ et pro eadem persona fidejussores, quotquot erunt numero, singuli in solidum tenentur; sed ex Adriani epistola fidejussoribus beneficium divisionis tribuitur, quo unus ex his conventus jure desiderare potest obligationem cum suis cofidejussoribus, qui contestatæ litis tempore solvendo sunt, dividi. Si dubitat creditor an fidejussores solvendo sint, atque si unus ab eo electus, cautionem offert, ut suo periculo cofidejussores in parte conveniantur, eum audiendum dicit Ulpianus, dummodo et satisdationes offerat, et cofidejussores, qui idonei esse dicuntur, præsto sint.

Inficiantibus auxilium divisionis non indulgetur: etenim quomodo posset is, qui se fidejussorem negat, beneficium desiderare, quod lex fidejussoribus tribuit? Si quis e fidejussoribus, ante divisam obligationem, solvendo esse desiit, pars ejus ad cæterorum onus respicit; si vero solvendo esse desiit, tantum postquam divisa fuerit actio, ea res non cæteris fidejussoribus, sed creditori nocet. Fidejussorum hæredes obligationibus succedunt, sed et hæredibus beneficium divisionis tribuitur.

QUOMODO FIDEJUSSORIS EXSTINGUATUR OBLIGATIO.

Cum ea sit fidejussio ut semper obligationi principali accedat, hac exstincta fidejussoris quoque exstinguitur obligatio; at quotiescumque ita liberabitur reus a creditore ut naturalis supersit obligatio, semper fidejussor tenebitur; hinc sequitur ut si reus capitis deminutione liberatus sit, non tamen fidejussor liberabitur. Quum reus principalis non ipso jure sed per exceptionem liberatur, interest an exceptio sit in rem an personalem: priori casu liberantur fidejussores, altero non liberantur; sic, quum per restitutionem in integrum liberatur reus principalis, interest an propter personalem debitoris favorem concedatur illa restitutio, ut ea quae minoribus tribuitur; quo casu non fidejussores liberantur: quod si ex aliquo principalis obligationis vitio, puta quod si vi aut dolo extorta, liberantur fidejussores. Si res debita fidejussoris vel facto, vel culpa, vel intra moram perierit, reus quidem liberabitur, non vero fidejussor.

DE MANDATORIBUS.

Mandator is est qui auctor fuit, seu mandavit ut alicui crederetur. Fere omnia quae de fidejussoribus diximus et de mandatoribus dicenda sunt: in his tamen discrepant:

1° Mandatum pecuniae credendae sola voluntate contrahitur, fidejussio autem stipulatione;

2° Mandatum obligationem rei principalis praecedere debet; fidejussio autem et praecedere et sequi potest;

3° Fidejussoris accessoria, mandatoris vero principalis est obligatio. Inde, ante Justinianum, electo reo fidejussor liberabatur, non mandator;

4° Creditor adversus fidejussorem agere debet ex stipulatu, scilicet actione stricti jùris : adversus mandatorem habet actionem mandati contrariam, id est bonæ fidei.

POSITIONES.

I. Fidejussor in duriorem causam quam reus principalis obligari non potest.

II. Fidejussoris obligatio potest esse strictiori vinculo colligata quam obligatio rei principalis.

III. Reo in fundum obligato fidejussor in usumfructum obligari potest.

IV. Si quis e fidejussoribus totum solverit debitum, et cedendarum actionum beneficio non usus fuerit, contra cofidejussores repetitionem nullam habebit.

DROIT FRANÇAIS.

DES OBLIGATIONS SOLIDAIRES.

(Code Nap., art. 1197-1216.)

NOTIONS GÉNÉRALES.

D'après les règles du droit commun, lorsque plusieurs personnes stipulent ou promettent une même chose par le même contrat, chacun n'est créancier ou débiteur que pour sa part ; mais ce principe de la division de la créance ou de la dette souffre une exception dans le cas de solidarité. Il y a obligation solidaire, lorsque la loi ou le titre de l'obligation constitue chacun créancier ou débiteur pour le total. La solidarité étant une exception au droit commun, ne se présume jamais ; elle ne peut résulter que de la stipulation expresse des parties ou d'une disposition de la loi. Toutefois, le mot *solidarité* n'est pas sacramentel ; les parties peuvent employer toute autre expression propre à manifester leur volonté.

SECTION Iʳᵉ.

De la solidarité entre créanciers.

La créance solidaire est celle qui appartient à plusieurs personnes, mandataires les unes des autres, à l'effet d'en poursuivre le remboursement et de faire tous les actes nécessaires soit à sa conservation, soit à son amélioration.

La stipulation de la solidarité entre créanciers a pour effet de donner à chacun d'eux le droit de poursuivre et de recevoir le payement de la créance entière, de manière toutefois que à l'un d'eux libère le débiteur. La présomption de la loi est toujours que la créance est commune, aussi chacun des créanciers peut-il demander à celui qui a reçu le payement sa part et portion virile.

La solidarité entre créanciers était assez fréquente à Rome : le créancier romain, qui d'après le droit civil ne pouvait agir par mandataire, avait intérêt à se donner un associé apparent, ayant aux yeux de la loi la qualité de créancier, et capable dès lors de poursuivre le débiteur en justice. La solidarité entre créanciers n'a plus chez nous cette utilité ; aussi la loi ne l'établit-elle nulle part de plein droit, et le Code ne consacre que quelques articles à cette matière : en effet, le mandat offre les mêmes avantages à un bien plus haut degré, car, outre qu'il est révocable, il n'est donné le plus souvent qu'au moment du payement, à une époque où le créancier est bien plus à même de choisir une personne à laquelle il puisse accorder sa confiance. On ne conçoit donc plus la solidarité entre créanciers que comme un moyen de faciliter le recouvrement d'une créance à laquelle plusieurs sont intéressés.

Du principe que les créanciers solidaires sont mandataires ou représentants les uns des autres, il résulte :

1° Que chaque créancier a le droit d'exiger le payement intégral de la dette. Le payement fait entre les mains d'un quelconque des créanciers libérant le débiteur, il s'ensuit que ce dernier a le droit de payer à qui il voudra ; mais il n'en est plus de même quand des poursuites ont été dirigées contre lui par l'un des créanciers, et cette disposition de la loi est équitable : en effet, celui qui le premier forme une demande en payement ne peut pas être privé, par le fait du débiteur, de l'avantage qui résultera pour lui de la possession des fonds ;

2° Que le créancier qui interrompt la prescription, l'interrompt au profit de tous ;

3° Que si l'un des créanciers constitue le débiteur en demeure, le débiteur est en demeure à l'égard de tous ;

4° Que s'il fait courir les intérêts, en formant une demande en justice contre le débiteur, les intérêts courent au profit de tous ;

5° Que s'il se fait donner une hypothèque ou toute autre sûreté, cette garantie profite aux cocréanciers.

Pothier, se conformant à la théorie romaine, décidait que la remise de la dette faite par un seul créancier l'éteignait entièrement ; mais cette théorie, contraire à l'équité, a été abrogée par le Code qui déclare (art. 1198) que la remise faite par un seul des créanciers solidaires ne libère le débiteur que pour la part de ce créancier. De même, la novation, la transaction qu'il ferait avec ce débiteur, n'auraient d'effet que pour sa part et seraient nulles à l'égard des autres créanciers.

SECTION II.

De la solidarité entre débiteurs.

Il y a solidarité de la part des débiteurs lorsqu'ils sont obligés à une même chose, de manière que chacun puisse être contraint pour la totalité, et que le payement fait par un seul libère les autres envers le créancier.

Cette définition donnée par l'art. 1200 du C. Nap. est trop vague; elle pourrait, en effet, s'appliquer également à l'indivisibilité d'obligation; or, il faut bien se garder de confondre l'obligation solidaire avec l'obligation indivisible. Dans l'obligation solidaire, c'est par la déclaration, soit du titre constitutif, soit de la loi, que chaque débiteur se trouve tenu pour le tout. Dans l'obligation indivisible, c'est par la nature de l'objet dû; il en résulte qu'à la mort de l'un des débiteurs de l'obligation indivisible, chacun des héritiers peut être poursuivi pour le tout et non pour partie, puisque l'objet de l'obligation n'est pas divisible; dans l'obligation solidaire, au contraire, chacun des héritiers du codébiteur décédé ne peut être poursuivi que pour sa part héréditaire; car l'obligation solidaire étant divisible quant à son objet, qui est souvent une somme d'argent, se divise de plein droit entre les héritiers des codébiteurs.

Il est de l'essence de la dette solidaire que toutes les obligations dont elle se compose aient la même chose pour objet; mais les débiteurs peuvent s'obliger de différentes manières, celui-ci purement et simplement, celui-là à terme ou sous condition.

La solidarité, ne se présumant pas, doit être expressément stipulée; mais par exception, elle a lieu de plein droit, c'est-à-dire en vertu d'une disposition de la loi, dans les cas suivants:

1° Lorsqu'une femme veuve contracte un second mariage, son nouvel époux est solidairement responsable avec elle des suites de la tutelle (art. 395, 396);

2° Les exécuteurs testamentaires sont solidairement responsables du compte du mobilier qui leur a été confié (art. 1033);

3° Le conjoint survivant et le subrogé tuteur, dans l'hypothèse prévue par l'art. 1442, sont solidairement responsables du défaut d'inventaire ;

4° Les différents locataires d'une maison sont solidairement responsables de l'incendie (art. 1734) ;

5° En matière de prêt à usage, ceux qui empruntent conjointement une même chose en sont solidairement responsables envers le prêteur (art. 1887) ;

6° Les comandants sont solidairement responsables envers leur mandataire, de tous les effets du mandat (art. 2002) ;

7° En matière de sociétés commerciales, de lettres de change, de billets à ordre, la dette est solidaire (Code de com., art. 22, 24, 140, 187) ;

8° Tous les individus condamnés pour un même crime ou pour un même délit sont tenus solidairement des amendes, restitutions, dommages-intérêts et frais (Code pén., art. 55).

Effets de la solidarité entre débiteurs.

§ 1er.

1° Le créancier d'une obligation contractée solidairement peut s'adresser à celui des débiteurs qu'il veut choisir, sans que ceux-ci puissent lui opposer le bénéfice de division ; mais ceci n'empêche pas le débiteur poursuivi pour le tout d'appeler en garantie ses codébiteurs, afin qu'il soit statué par un seul et même jugement sur la demande du créancier et sur la demande en garantie formée par le débiteur actionné contre ses codébiteurs.

2° Le choix que fait le créancier, de l'un des débiteurs contre lequel il exerce des poursuites, ne libère pas les autres, tant qu'il n'est pas payé ; il peut abandonner celui qu'il poursuit et poursuivre les autres, soit successivement, soit simultanément.

3° Lorsque la chose due périt par la faute de l'un des débiteurs solidaires, ou pendant sa demeure par un cas fortuit qui ne serait pas arrivé si la chose eût été en la possession du créancier, l'obligation n'est pas éteinte à l'égard des autres codébiteurs; chacun d'eux est tenu solidairement de payer au lieu de la chose qui a péri, une somme représentative de sa valeur; mais les codébiteurs qui ne sont pas en faute ou qui n'avaient pas été mis en demeure, ne sont pas tenus des dommages-intérêts; le créancier peut seulement répéter des dommages-intérêts contre les débiteurs par la faute desquels la chose a péri, ou contre ceux qui étaient en demeure.

En effet, chacun des codébiteurs consent bien à rester le garant des autres tant que la dette existe, mais il n'entend pas être responsable des extensions que ses codébiteurs peuvent, par leur faute, donner à l'obligation; les débiteurs solidaires sont mandataires les uns des autres à l'égard du créancier, *ad conservandam et perpetuandam obligationem* et non pas *ad augendam.*

Mais que décider dans le cas où les dommages et intérêts ont été fixés à l'avance au moyen d'une clause pénale? Quoique la clause pénale soit encourue par la faute de l'un des débiteurs, je pense que les autres sont tenus de payer la somme fixée, lors même qu'elle serait supérieure à la valeur de la chose qui a péri; la clause pénale est en effet une seconde convention accessoire à la première et faite sous condition suspensive; or, la faute de l'un des débiteurs fait réaliser la condition sous laquelle chacun d'eux est obligé de payer le montant de cette clause pénale.

4° La demande d'intérêts formée contre l'un des débiteurs solidaires fait courir les intérêts à l'égard de tous.

Cette règle posée dans l'art. 1207 paraît contraire à celle posée par l'art. 1205; car les intérêts ne sont pas autre chose que les dommages-intérêts en matière d'obligation d'une somme d'argent. Le Code a établi cette distinction, parce que dans une obligation ayant pour objet une somme d'argent, les dommages sont fixés par la loi d'une manière invariable à 5 0/0 à compter de la demande en justice ; il est donc naturel de penser que chacun des débiteurs a tacitement accepté le tarif de la loi comme une clause pénale ; or cette clause pénale tacite doit être régie par les principes de la clause pénale expresse.

5° Le créancier qui dirige des poursuites contre l'un des débiteurs interrompt la prescription non pas seulement à l'égard du débiteur poursuivi, mais à l'égard de tous ; dès que l'un d'eux est actionné, tous sont réputés l'être, puisqu'ils sont tous mandataires et représentants les uns des autres à l'effet de recevoir les poursuites du créancier.

§ 2.

La solidarité semble supposer qu'il existe entre les codébiteurs un mandat tacite et réciproque ; cette idée de mandat est assez naturelle entre personnes qui se connaissent et se choisissent pour contracter une obligation commune.

Mais en sera-t-il de même lorsque la solidarité ne résultera pas de la convention, mais de la loi ? Devra-t-on voir dans la solidarité légale une solidarité parfaite à laquelle s'appliqueront les dispositions rigoureuses des art. 1205, 1206 et 1207, ou un simple lien *in solidum*, permettant bien au créancier de demander le tout à chacun des débiteurs, mais qui ne lui donnera pas l'avantage d'interrompre la prescription à l'égard de tous, de faire courir les intérêts contre tous, etc., par des poursuites dirigées contre l'un d'eux seulement.

Sur ce point, il règne une grande diversité d'opinions ; mais comme l'idée d'un mandat tacite peut seule expliquer la rigueur donnée par les art. 1205, 1206 et 1207 à la solidarité entre débiteurs, je pense que cette solidarité ne sera parfaite que dans les cas où l'idée de mandat pourra être admise, et que là où l'obligation répugnera à cette idée, il sera impossible d'appliquer les articles précités, et qu'alors, au lieu d'une obligation solidaire proprement dite, nous aurons une simple obligation *in solidum.*

Ainsi, je considère comme de véritables débiteurs solidaires :

La femme veuve qui contracte un second mariage et son nouvel époux ;

Les personnes qui, ayant une affaire commune, donnent à quelqu'un mandat de la gérer ;

Les associés, en matière de commerce, pour tous les engagements de la société.

Je n'aperçois au contraire qu'un simple lien *in solidum :*

Entre les locataires d'une maison incendiée que la loi déclare solidairement responsables de l'incendie ;

Entre les différents signataires d'une lettre de change ou d'un billet à ordre ; car il est impossible de supposer qu'il existe entre eux un mandat tacite.

§ 3.

Le codébiteur poursuivi par le créancier peut lui opposer diverses exceptions ; la loi, qui comprend ici sous ce nom tous les moyens de défense ou de libération, distingue avec raison trois classes d'exceptions :

1° Celles qui résultent de la nature de l'obligation ;

2° Celles qui sont personnelles à l'un des débiteurs ;

3° Celles qui sont communes à tous.

Les exceptions qui résultent de la nature de l'obligation sont celles qui tiennent à l'absence d'une des conditions nécessaires pour qu'il y ait obligation. Tel serait le défaut de cause ou la cause illicite. Ces exceptions, étant absolues, doivent évidemment profiter à chacun des codébiteurs, et chacun d'eux peut les opposer au créancier.

Les exceptions personnelles sont celles qui résultent d'une cause propre à un des codébiteurs, comme de sa minorité ou de son interdiction au moment où il a contracté l'obligation, de l'absence de consentement ou de la violence dont il est entaché, de la non-exigibilité de la dette pour celui qui a stipulé un terme différent des autres, etc. Ces exceptions peuvent être invoquées pour le tout par celui des codébiteurs auquel elles appartiennent, mais par lui seulement.

Si l'exception opposée par l'un des coobligés, au lieu d'être simplement dilatoire, portait sur le fond et tendait à faire déclarer l'obligation nulle à son égard, comme dans le cas de violence, les autres coobligés, n'ayant pas dans ce cas de recours contre lui, devront-ils payer la totalité de l'obligation ? Il faut distinguer : si en contractant ils ont eu connaissance de ce vice, ils seront obligés pour le tout; mais dans le cas contraire ils ont compté sur la divisibilité de la dette entre eux tous; or le vice de consentement de l'un d'eux venant le décharger de sa portion dans la dette, cette portion ne doit point tomber à la charge des autres coobligés, autrement ils seraient victimes de leur erreur ; et il ne faut pas regarder cette décision comme contraire à la règle que l'on ne peut pas opposer les exceptions personnelles à un autre codébiteur, car c'est l'exception provenant de leur propre erreur qu'ils invoquent et non celle de la violence pratiquée à l'égard de leur codébiteur.

Si, au lieu de l'exception de violence, l'un des codébiteurs invoquait celle de minorité ou d'interdiction, les autres seraient tenus pour le tout, qu'ils aient eu connaissance ou non du vice de son obligation; leur ignorance dans ce cas n'est pas excusable, en présence de la publicité donnée aux actes de l'état civil et aux jugements d'interdiction.

Les exceptions communes sont celles qui profitent à tous les débiteurs et qui toutefois ne résultent pas de la nature même de l'obligation; ce sont en général des causes d'extinction de la dette, comme le payement, la prescription.

§ 4.

Confusion. — La confusion est la réunion dans la même personne des qualités de débiteur et de créancier; la confusion opérée entre l'un des codébiteurs et le créancier profite aux autres, mais seulement jusqu'à concurrence de la part de ce codébiteur.

Compensation. — Que déciderons-nous au cas de compensation opérée dans la personne de l'un des débiteurs solidaires? Ici il faut distinguer : si le créancier s'adresse d'abord au débiteur dont il est devenu lui-même débiteur; celui-ci pourra opposer la compensation; cette exception opposée par lui aura pour effet d'éteindre la dette; si au contraire le créancier s'adresse à un des codébiteurs autres que celui qui est devenu créancier du créancier commun, celui-ci ne pourra pas opposer la compensation du chef de son codébiteur, car ce serait forcer ce dernier à faire l'avance des fonds, et il n'appartient qu'au créancier de choisir celui qui fera cette avance. Il pourra néanmoins l'opposer pour la part de ce codébiteur afin d'éviter un circuit d'actions qu'il faut autant que possible éviter.

Remise de la dette. — La remise de la dette faite à tous les débiteurs solidaires les libère tous ; cette remise peut se faire par convention expresse : elle peut aussi se faire tacitement, lorsque le créancier leur restitue le titre de sa créance (1282) ; l'abandon qu'il fait de son titre prouve qu'il veut les libérer, lors même qu'il remet ce titre à un seul d'entre eux (1284). Le Code va plus loin : la remise ou décharge conventionnelle au profit de l'un des codébiteurs libère tous les autres, à moins que le créancier n'ait expressément réservé ses droits contre ces derniers (1285). Dans le cas où il a fait cette réserve, il ne peut plus répéter la dette que déduction faite de la part de celui auquel il a fait cette remise. L'art. 1285 paraît peu rationnel, car il n'y a pas de raison de supposer que le créancier qui a fait remise de la dette à un des débiteurs seulement ait entendu faire remise à tous ; il est possible que telle ait été son intention, mais l'hypothèse contraire est possible aussi ; or les libéralités ne se présument point.

Remise de la solidarité. — Il ne faut pas confondre avec la remise de la dette celle de la solidarité qui consiste dans le consentement à la division. L'effet de la remise de la solidarité faite à l'un des codébiteurs est de détruire le lien qui existe entre lui et ses codébiteurs ; sa dette est dès lors isolée de celle des autres ; il ne peut être poursuivi que pour sa part, et ses codébiteurs que pour le tout diminué de la part de celui à qui la remise a été faite. La raison de cette déduction, c'est que le créancier, en diminuant le nombre de ses débiteurs, augmente pour ceux qui restent les chances d'être poursuivis pour le tout : il est juste de diminuer le montant de la dette pour laquelle ils peuvent être poursuivis, afin que leur position ne devienne pas pire par l'accomplissement d'un fait qui leur est étranger.

La remise de la solidarité peut être expresse ou tacite ; la remise tacite peut avoir lieu pour les intérêts seulement ou pour le capital et les intérêts. Elle a lieu pour le tout dans trois cas :

1° Lorsqu'en recevant de l'un de ses débiteurs une somme égale à celle dont il est tenu dans la dette, le créancier exprime dans la quittance que c'est pour la part de ce débiteur et qu'il ne fait aucune réserve de la solidarité ; car, dans le cas où il a fait cette réserve, comme dans celui où il n'a pas dit que c'était pour la part du débiteur, le créancier n'est pas présumé avoir renoncé à la solidarité.

2° Lorsque le débiteur actionné par le créancier pour sa part a acquiescé à cette demande, ou qu'il a été rendu un jugement de condamnation passé en force de chose jugée. Les poursuites dirigées contre ce débiteur pour sa part sont alors regardées comme une offre de remise que fait le créancier, et qu'il peut retirer tant qu'elle n'a pas été acceptée.

3° Enfin, lorsque le créancier a reçu divisément, pendant dix années consécutives, la portion de l'un des débiteurs dans les arrérages ou intérêts de la dette.

Dans ces trois cas, la remise ne résulte que d'une présomption attachée par la loi à certains actes du créancier, et celui-ci pourra toujours détruire cette présomption par une réserve expresse.

La remise des intérêts ou arrérages seulement se présume plus facilement que celle des intérêts et du capital. Le Code distingue deux hypothèses : celle où il s'agit d'intérêts échus et celle où il s'agit d'intérêts à échoir. Par le seul fait qu'il les reçoit divisément et sans réserve, le créancier est présumé avoir fait remise de la solidarité pour les intérêts échus ; mais pour ceux à échoir, cette présomption ne résulte que du payement divis pendant dix années consécutives.

RECOURS DES CODÉBITEURS ENTRE EUX.

Le principe relatif aux effets de la solidarité entre codébiteurs, est que la dette se divise de plein droit, et que chacun n'étant tenu que pour sa part, celui qui a payé peu réclamer contre les autres tout l'excédant de cette part (1213). Deux actions lui compètent à cet effet : 1° celle qui naît dans sa personne, l'action de mandat; 2° l'action du créancier avec tous ses accessoires, action qui lui est acquise en vertu d'une subrogation légale dont le principe se trouve dans l'art. 1251.

Envertu de cette subrogation, le débiteur qui a payé semble autorisé à réclamer le total de chacun des autres débiteurs, sous la seule déduction de sa portion personnelle; mais la loi, soit pour éviter le circuit d'actions, soit en vertu des rapports établis entre codébiteurs par l'espèce de société qui existe entre eux, ne permet de répéter contre les autres que la part et portion de chacun d'eux.

L'insolvabilité de l'un des débiteurs ne reste pas exclusivement à la charge de celui qui a payé; la perte qui en résulte se répartit contribuitoirement entre tous, et est même supportée par celui auquel le créancier aurait fait remise de la solidarité, car cette remise ne peut nuire aux autres; mais dans ce cas, le débiteur déchargé de la solidarité peut se faire garantir par le créancier.

Il peut arriver que l'affaire pour laquelle l'obligation a été contractée ne concerne que l'un des codébiteurs; dans ce cas, les effets de la solidarité entre le créancier et les débiteurs sont toujours les mêmes; mais à l'égard du débiteur réel, les autres obligés ne sont que de véritables cautions; aussi, faut-il appliquer ici les principes du cautionnement pour régler les rapports des cooligés solidaires entre eux.

DU CAUTIONNEMENT.

(Code. Nap., art. 2021-2033.)

Le mot *cautionnement* vient du latin *cautio*, qui signifie sûreté et pourrait s'appliquer également à tous les moyens par lesquels un créancier cherche à s'assurer de l'obligation contractée à son profit ; mais le Code l'emploie pour désigner exclusivement cette sûreté particulière qui résulte de l'engagement pris par un tiers de payer pour le débiteur, si celui-ci ne paye pas.

Nous n'avons à traiter ici du cautionnement que quant à ses effets tant entre le créancier et la caution qu'entre le débiteur, la caution et les cofidéjusseurs.

SECTION Ire.

De l'effet du cautionnement entre le créancier et la caution.

Par le contrat de cautionnement, la caution se trouve constituée débitrice envers le créancier, dans le cas où le débiteur principal n'acquitterait pas son obligation. Si donc le débiteur ne paye pas, le créancier peut poursuivre la caution et lui demander le payement de la dette.

Bénéfice de discussion. — Le cautionnement a pour but d'augmenter le crédit public ; mais en améliorant la position du créancier, afin de le déterminer à prêter, il ne fallait pas rendre trop mauvaise la condition de la caution, sous peine de voir diminuer l'utilité du cautionnement dont l'usage serait devenu très rare ; aussi le législateur a-t-il permis à la caution, actionnée avant le débiteur principal, d'opposer une exception connue sous le nom de bénéfice d'ordre ou de discussion.

Cette exception a pour effet d'arrêter le cours des poursuites dirigées contre la caution, en forçant le créancier à procéder préalablement à la saisie et à la vente des biens du débiteur principal.

Afin de concilier les intérêts du créancier avec ceux de la

caution, ce bénéfice, lorsqu'il est permis, ne peut être exercé que sous les trois conditions suivantes :

1° Il doit être opposé sur les premières poursuites du créancier.

Il ne faut pas en effet qu'après avoir fatigué le créancier par de longues chicanes, la caution puisse encore retarder le payement de la dette en le contraignant de commencer une nouvelle procédure contre le débiteur principal.

Cependant cette règle doit souffrir une exception dans le cas où le fidéjusseur nierait la validité de son engagement, ou soutiendrait que l'obligation principale n'est pas valable, ce qui revient à dire qu'il n'y a pas de cautionnement, car aux termes de l'art. 2012 on ne peut cautionner qu'une obligation valable ; il ne pourrait en effet invoquer tout d'abord une faveur dont la loi ne le ferait jouir qu'en vertu d'une qualité par lui-même repoussée.

2° La caution doit faire l'avance de tous les frais nécessaires à la discussion. Il pourrait arriver que le créancier, en poursuivant un débiteur insolvable, fût obligé d'avancer des fonds dont le remboursement serait incertain.

3° Elle doit indiquer au créancier les biens du débiteur principal à la discussion desquels elle entend le renvoyer. De plus, ce bénéfice n'étant qu'une faveur introduite par l'équité, la discussion réclamée doit être de nature à s'opérer facilement et à ne pas entraîner des lenteurs et des contestations préjudiciables au créancier : aussi la caution ne peut-elle indiquer ni des biens situés hors du ressort de la cour impériale du lieu dans lequel le payement doit être fait, ni des biens litigieux, ni des biens hypothéqués à la dette mais ne se trouvant plus entre les mains du débiteur.

Ici se présente la question de savoir si la caution qui s'est laissé poursuivre par le créancier, parce qu'à l'époque des premières poursuites, le débiteur principal ne possédait aucun bien susceptible de discussion, pourra néanmoins, dans le cas où des biens de cette nature adviendraient au débiteur pendant l'instance, opposer le bénéfice de discussion. Cette question a été controversée. La caution ne peut pas être déchue, a-t-on dit, car on ne peut lui reprocher sa négligence à user du bénéfice que la loi lui accorde, puisqu'il ne lui a pas été possible de l'opposer plus tôt; mais si l'on considère le retard que ce circuit d'actions peut apporter au payement, et les frais qui en résulteraient pour le débiteur, on voit que ce système n'est pas sans inconvénients, et je suis l'opinion contraire en présence des termes formels de l'art. 2022, Code Nap. Elle est, il est vrai, très rigoureuse à l'égard de la caution, mais il s'agit ici d'un bénéfice et c'est dans ces matières surtout qu'il faut s'en tenir au texte de la loi.

Lorsque la caution a rempli les trois conditions sus-énoncées, elle a fait ce qu'elle devait faire ; elle n'aura donc pas à souffrir de la négligence du créancier à poursuivre le débiteur principal ; aussi lorsque par sa propre faute le créancier n'aura pas recouvré l'intégralité de sa créance, l'insolvabilité du débiteur restera à sa charge.

Il y a des cautions qui ne jouissent pas du bénéfice de discussion ; ce sont :

1° Les cautions judiciaires.

2° Les cautions soit conventionnelles soit légales, qui y ont expressément renoncé.

3° Les cautions qui se sont obligées solidairement avec le débiteur; la loi assimile alors la caution à un débiteur solidaire, mais seulement dans ses rapports avec le créancier, et non dans ses rapports avec le débiteur principal : cette distinction est fort importante, elle sert à établir une différence entre la caution solidaire et le codébiteur solidaire. La caution solidaire

4

qui a payé a un recours pour la totalité contre le débiteur principal ; au contraire, le codébiteur solidaire qui a payé n'a de recours contre son codébiteur que pour sa part.

Bénéfice de division. — Lorsque plusieurs personnes se sont rendues caution d'un même débiteur pour une même dette, chacune d'elles est tenue *in solidum*, sans que pour cela il y ait entre elles le lien de la solidarité parfaite. Le créancier peut demander à l'une d'elles le total de la créance : telle est la règle posée par l'art. 2025 ; cette règle rigoureuse est aussitôt tempérée par l'art. 2026 qui accorde à celle des cautions qui est actionnée pour le tout, le droit d'invoquer le bénéfice de division. Ce bénéfice, introduit dans le droit romain par l'empereur Adrien, permet au fidéjusseur poursuivi d'exiger que le créancier divise son action entre tous les fidéjusseurs solvables, chacun pour sa part.

Cette division ne s'opère pas de plein droit entre les cautions ; seulement chacune d'elles, quoique valablement actionnée pour le tout, peut exiger que le créancier *préalablement*, c'est-à-dire avant de la faire condamner pour le tout, divise son action et la réduise à la portion virile de chacune.

La division ne peut s'opérer :

1° Qu'entre cautions ayant cautionné la même dette et le même débiteur : elle est donc impossible entre une caution et son certificateur, ou entre les cautions particulières de plusieurs débiteurs solidaires. Ce dernier point a été controversé : je pense que la division ne peut avoir lieu parce que les cautions n'ont pas cautionné le même débiteur bien qu'elles aient cautionné la même dette ; telle était l'opinion de Papinien adoptée par Pothier.

2° Entre cautions solvables ; les insolvabilités antérieures à la division sont à la charge des cautions, mais celles-ci ne répondent pas des insolvabilités survenues depuis la division : on doit les imputer à la négligeance du créancier.

Le moment précis à partir duquel le créancier répond des insolvabilités est non pas, comme le dit l'art. 2026, le moment où la division a été prononcée, mais celui où la demande a été formée; car tout jugement rétroagit au jour de la demande, et la caution doit avoir, par le jugement, tout l'avantage qu'elle aurait eu lors de sa demande, s'il n'y avait pas eu procès.

La caution peut renoncer au bénéfice de division, ce qui arrive lorsqu'elle s'oblige solidairement. La division ne peut, au préjudice du créancier, et malgré lui, s'opérer avec une caution insolvable ; mais lorsque c'est lui-même qui volontairement divise son action, cette conduite de sa part équivalant à une remise de solidarité, il doit en subir les conséquences, et ne peut plus, sous le prétexte des insolvabilités même antérieures, revenir contre la division une fois consentie.

SECTION II.

De l'effet du cautionnement entre le débiteur et la caution.

En payant la dette, la caution fait évidemment l'affaire du débiteur principal; elle agit en vertu d'un véritable mandat, si elle est intervenue à la prière ou au su et gré du débiteur, et comme gérant d'affaires quand elle s'est engagée à son insu. De là, un recours au profit de la caution contre le débiteur, toutes les fois qu'elle l'a libéré par un paiement effectif, ou par une compensation, ou par une novation. Mais elle n'aura pas de recours quand elle aura libéré le débiteur à titre gratuit, par exemple dans le cas de remise de la dette par le créancier, à moins que ce dernier n'ait exprimé qu'il faisait cette remise dans l'intérêt unique de la caution, pour lui faire une libéralité.

A l'inverse, il peut arriver que la caution n'ait pas de recours, quoique ayant payé réellement. C'est ce qui arrivera toutes les fois que, par sa faute, le payement fait par elle n'aura pas été utile au débiteur, par exemple, dans le cas où le débiteur principal aura payé une seconde fois, lorsque la caution ne l'avait pas averti du payement par elle précédemment fait. La loi lui accorde seulement alors, contre le créancier, la *condictio indebiti* qu'aurait eue le débiteur. Elle n'a pas non plus de recours quand elle a payé sans être poursuivie et sans avoir averti le débiteur principal, dans le cas où, au moment du paiement, celui-ci aurait eu des moyens pour faire déclarer la dette éteinte. Mais ici, comme dans le cas précédent, la caution aura une action contre le créancier.

Le recours de la caution contre le débiteur a lieu pour le capital déboursé par elle pour le payement de la dette et de ses intérêts, pour les frais faits par le créancier contre le débiteur, et qu'elle aura payés, pour les frais de l'assignation formée contre elle et les frais subséquents, mais seulement si elle en a fait la dénonciation au débiteur; enfin, pour les intérêts de toutes ses avances, à partir du jour où elles ont été faites. Son recours comprend aussi des dommages-intérêts, si par exemple la caution qui était soumise à la contrainte par corps a été emprisonnée, faute par le débiteur de payer sa dette, ou si ses biens ont été saisis.

La caution, dans le cas d'une obligation unique, exercera son recours contre le débiteur principal pour le tout; s'il s'agit d'une obligation conjointe, elle aura recours contre chacun des débiteurs conjoints pour leur part virile dans la dette; elle l'exerce pour le tout contre chacun des codébiteurs solidaires, si elle les a tous cautionnés; et contre celui-là seulement qu'elle a cautionné, si elle n'en a cautionné qu'un seul. Outre le recours dont nous venons de parler, la caution jouit, d'après l'article 2029 du Code Nap., d'une subrogation à tous les droits qu'avait le créancier contre le débiteur. La caution, pour se faire indemniser, aura donc le choix entre ces deux actions : l'action de mandat ou de gestion d'affaires, et l'action du créancier désintéressé. Elle devra se décider à user de l'une ou de l'autre suivant les circonstances. L'action du créancier lui donnera peut-être des gages ou des hypothèques, mais l'action du mandataire ou du gérant d'affaires permettra à la caution d'obtenir l'intérêt de ses déboursés, à partir du jour où ils auront été faits, quand bien même la créance n'eût pas été productive d'intérêts, ainsi que des dommages et intérêts pour le préjudice qu'elle aura souffert à raison du cautionnement.

Nous venons de voir quelles actions compètent à la caution contre le débiteur en vertu du payement par elle fait ; elle peut, en outre, agir contre le débiteur même avant d'avoir rien payé pour lui ; c'est ce qui arrive

1° Lorsqu'elle est poursuivie en justice pour le paiement : elle pourra alors appeler le débiteur principal en cause et éviter par là de faire aucune avance ;

2° Lorsque le débiteur a fait faillite ou est en déconfiture : elle peut alors, si le créancier ne se présente pas au passif de la faillite, s'y présenter elle-même pour payer le créancier avec ce qu'elle recevra ;

3° Lorsque le débiteur s'est engagé à lui rapporter une décharge dans un certain temps, pour obtenir cette décharge quand le délai est expiré ;

4° Lorsque la dette est devenue exigible par l'échéance du terme sous lequel elle avait été contractée ;

5° Au bout de dix ans, lorsque l'obligation principale n'a pas de terme fixe d'échéance. La loi, présumant que la caution n'a pas entendu s'engager à perpétuité, lui donne le droit d'exiger sa libération après l'expiration de dix ans ; toutefois, même

www.ingramcontent.com/pod-product-compliance
Lightning Source LLC
Chambersburg PA
CBHW060513200326
41520CB00017B/5018